Saint Luc : « Pourquoi et comment j'ai écrit les Actes des Apôtres »

Propos recueillis par Hervé Ponsot o.p.

Illustrations : Photos de l'auteur ou Wikimedia Commons
Merci à Olivier Chavarin (www.christus.fr) pour la carte des voyages de Paul

Edition : BoD - Books on Demand
12/14 rond-point des Champs Elysées
75008 Paris
Imprimé par BoD – Books on Demand, Norderstedt
ISBN : 979-10-93420-01-1
Dépôt légal : Juin 2014

I : Position de la question par le confident de Luc

Travailler sur les Actes des Apôtres, un ouvrage aujourd'hui unanimement reconnu comme émanant de la plume de Luc l'évangéliste, demande de faire face à deux interrogations bien connues et intimement liées :

1. Comment cet ouvrage a-t-il été composé ? À partir de quelles sources ?
2. Peut-on se fier aux informations historiques qu'il transmet ?

Sur la première question, la plupart des commentateurs s'accorde à reconnaître que Luc recourt à des sources d'origines diverses, mais si certains croient ces sources recouvrables, une grande majorité estime qu'elles sont devenues inaccessibles à la critique. Dès lors la réponse à la deuxième question coule de source : il est clair que, sans remettre en cause l'existence d'informations historiques, celles-ci sont le plus souvent inatteignables.

Pourtant, et même s'ils s'en défendent, les commentateurs les plus critiques sur la qualité historique de l'œuvre de Luc, lorsqu'ils en viennent à évoquer Paul et sa carrière, s'en remettent souvent à des informations trouvées dans les Actes des Apôtres : par exemple lorsqu'ils évoquent le « Concile »[1] dont parlerait Luc en Ac 15.

Pour tenter d'éclairer le problème, j'ai donc choisi d'interroger l'évangéliste Luc, son œuvre certes, mais aussi l'homme lui-même qui a bien voulu reprendre pour vous, lecteurs, ces questions et quelques autres.

---

[1] Tel est par exemple le cas de Gerd Lüdemann, *Paul, apostle to the Gentiles: Studies in Chronology*, Philadelphia, Fortress Press, 1984, qui parle de ce « Concile » comme d'une évidence.

Il me demande d'insister sur le fait qu'il ne vient pas ici vous proposer un commentaire détaillé, qui fera sans doute l'objet d'un autre volume, mais une présentation des principes qui l'ont guidé et un éclairage sur leur mise en œuvre.

Figure 1 : Saint Luc, icône du XVIe siècle (Wikimedia)

II : Mes principes de composition, par Luc l'évangéliste

Chers amis lecteurs, je suis ravi que me soit ici donnée l'occasion de m'expliquer sur la manière dont j'ai écrit les Actes des Apôtres, et ensuite sur les principaux points que j'ai voulu mettre en valeur, autrement dit sur la théologie sous-jacente à l'ouvrage. Ceux qui seraient rebutés par la première partie, un peu technique, pourront passer directement à la deuxième, laquelle toutefois ne se comprend bien qu'à la lumière de la première…

Juste une petite précision en préalable concernant le texte même des Actes. Certains d'entre vous savent qu'il existe deux « traditions » des Actes, une courte dite « alexandrine », l'autre longue dite « occidentale », dont vous ne possédez en fait aucun texte complet : au nom d'un principe exégétique bien connu et souvent justifié selon lequel les traditions courtes sont habituellement les meilleures, vos bibles négligent globalement la tradition occidentale, se contentant éventuellement de s'y référer en note. Je vais presque toujours les suivre et me référer moi aussi à la tradition alexandrine, puisque c'est celle qui vous est le plus connue, mais je précise que les commentateurs qui font écho, ou même remettent au premier plan la tradition occidentale, le font à bon escient : j'en suis bien aussi l'auteur, elle fut pour moi une sorte de deuxième édition, révision et complément de la première.

La préface, ou le discours de la méthode

Lorsque j'ai entrepris d'écrire sur Jésus et les débuts de la prédication évangélique, je connaissais l'existence d'autres récits et compositions, du moins concernant la vie de Jésus : il me fallait donc situer mon propos par rapport aux leurs. Voilà pourquoi j'ai rédigé une préface très pesée à l'ensemble des deux ouvrages que je projetais d'écrire : vous en avez le résultat en Lc 1,1-4. Je vous en donne maintenant le contenu, dans la traduction de la *Bible de Jérusalem* :

« [1] Puisque beaucoup ont entrepris de composer un récit des événements qui se sont accomplis parmi nous, [2] d'après ce que nous ont transmis ceux qui furent dès le début témoins oculaires et serviteurs de la Parole, [3] j'ai décidé, moi aussi, après m'être informé exactement de tout depuis les origines, d'en écrire pour toi l'exposé suivi, excellent Théophile, [4] pour que tu te rendes bien compte de la sûreté des enseignements que tu as reçus ».

Chaque terme de cette préface fut par moi soigneusement réfléchi :

➢ Je mets en valeur la qualité de l'information historique recueillie, j'y insiste très fortement : je suis allé aux sources, j'ai interrogé des témoins oculaires (gr. *autoptai*) et serviteurs de la parole, autrement dit ceux qui ont connu Jésus (pour l'évangile) et ceux qui sont devenus ses témoins (pour les Actes), souvent les mêmes, je me suis intéressé à tout depuis le début ou les origines (gr. *ap'archê, anôthen*), avec exactitude (trad. litt. avec acribie)...

➢ Mon travail n'est pourtant pas un simple relevé, un compte-rendu « journalistique », mais une composition : j'ai mis toute l'information reçue en ordre, ce qui ressort du terme grec *anataxasthai* traduit par « composition ». Mais quel ordre ?

➢ Je n'ai pas choisi l'ordre chronologique que vous connaissez si bien, mais plutôt un ordre théologique, le premier de mes objectifs étant de servir un tiers, Théophile, dans son affermissement chrétien. Voilà pourquoi l'appellation « propos catéchétique » me convient bien.

L'avertissement de ma préface me laissait penser qu'il faudrait des raisons fortes pour mettre en question l'information que je fournis. Pourtant, je constate que depuis le XXe siècle, plusieurs commentateurs se croient plus proches des événements relatés, ou mieux informés que moi, et viennent vous proposer des interprétations conformes à leurs vues beaucoup plus qu'aux miennes : ils refont l'histoire !

Je me demande s'ils ne se dispensent pas trop souvent de lire ou relire de près mes propos, se contentant de reprendre ce que d'autres en ont dit avant eux. Alors que, s'ils le faisaient, ils trouveraient de multiples signes de ma « composition » et pourraient aller au-delà d'elle, tailler des croupières à ma réputation injustifiée et vexante d'historien peu fiable[2] et montrer comme j'ai su allier histoire et théologie.

Je vais maintenant vous donner quelques aperçus tout à la fois littéraires et historiques de ces signes, sur plusieurs passages des Actes que je vous invite à relire de près avec moi, le texte sous vos yeux.

Les signes de la composition

Ac 1,3 ou la fausse continuité

Voici ce verset dans la traduction *Bible de Jérusalem* : « C'est encore à eux [les apôtres] qu'avec de nombreuses preuves il [Jésus] s'était présenté vivant après sa passion ; pendant quarante jours, il leur était apparu et les avait entretenus du Royaume de Dieu » (Ac 1,3).

---

[2] Une réputation que certains de vos commentateurs m'ont faite vers la fin du XXe siècle, et qui me poursuit au XXIe, mais qui n'a pas toujours existé : un archéologue comme W. M. Ramsay, dans *The Bearing of Recent Discovery on the Trustworthiness of the New Testament*, Londres, 1915, expliquait qu'après avoir été fort sceptique sur la qualité historique des Actes, il avait complétement retourné sa veste. Les anglophones trouveront une histoire de l'interprétation des Actes des Apôtres chez W. W. Gasque, *A History of the Interpretation of the Acts of the Apostles*, rééd. Wipf & Stock, Eugene, 2000.

Dans le contexte, il semble évident qu'il faille penser que ces apparitions ont eu lieu à Jérusalem, dont je vais d'ailleurs parler aussitôt au verset 4 : et c'est ainsi que l'interprète la quasi-totalité de vos commentateurs. Or, ceci devrait vous poser une question : que sont devenues les apparitions en Galilée, dont parlent aussi bien Mc 16,7 que Mt 28,16-20 ou Jean en son chapitre 21 ? Les aurais-je escamotées, au nom de la prévalence que j'accorde dans mes écrits à Jérusalem ?

Laissez-moi vous dire qu'il n'en est rien, je n'aime pas éliminer, je préfère estomper ! S'il est vrai que, jusqu'au temps de la dispersion des disciples du fait des persécutions (Ac 8,1), je cherche par tous moyens à souligner la place importante tenue par Jérusalem, et que la lecture proposée par vos commentateurs me satisfait à certains égards, j'ai pris soin de ne pas écarter totalement la Galilée : en effet, si vous lisez de près ce verset 3, vous constaterez que rien n'implique absolument que les apparitions et l'enseignement de Jésus que j'évoque aient eu lieu à Jérusalem !

C'est votre lecture qui en décide ainsi, établissant une continuité que mon texte n'impose pas : c'est avec le verset 4 que l'on revient à Jérusalem. Je vous proposerai plus loin un exemple du même type, mais déjà repéré par certains, en Ac 18,12.

Ac 1,15s ou l'anticipation théologique

Cette fois-ci, je ne vais pas vous donner le texte du passage (v. 15-26), un peu trop long : il s'agit, vous le savez, de ce rassemblement que Pierre aurait présidé et qui était destiné à pourvoir au remplacement de Judas. Je voulais retrouver le nombre 12 et donc évoquer cette élection avant la Pentecôte, afin de faire de celle-ci l'acte de naissance de l'Église, tout comme le rassemblement des 12 tribus d'Israël avait présidé à la naissance du peuple de Dieu.

Je n'ai pas pour autant créé l'événement, je me suis contenté de l'anticiper et de l'orner d'un discours de Pierre pour les raisons théologiques que je viens de dire, tout en prenant soin de laisser des traces de cette anticipation : le vague « en ces jours-là », une formule que j'aime bien utiliser quand je « compose », et l'évocation étonnante de cent-vingt personnes au verset 15, alors que nous sommes censés nous trouver au tout début de la communauté chrétienne, ont servi à cela.

Ac 2,14-36 ou la valeur narrative des discours

Un simple coup d'œil sur les Actes des Apôtres montre l'importance que j'ai donnée à de multiples discours, venant de ceux que je considère comme les principales figures apostoliques : Pierre et Paul au premier chef bien sûr, mais aussi Étienne et Jacques. Je m'abstiens ici d'en faire le relevé, vous invitant, chers amis lecteurs, à le faire vous-mêmes. En tout cas, cela commence très tôt, dès le premier chapitre, avec le discours de Pierre pour le remplacement de Judas (1,16-22) pour s'achever très tard, si j'excepte la déclaration de Paul aux Juifs de Rome en 28,25-28, avec le discours du même Paul devant le roi Agrippa à Césarée, en 26,2-23.

Pourquoi tous ces discours ? Eh ! bien l'une des raisons s'en trouve dans l'ouvrage même que vous êtes en train de lire : il s'agit de me donner la parole à moi, l'auteur du livre, sous le couvert des autorités reconnues. Cela n'a rien à voir avec une question d'orgueil, mais cela me permet de proposer des points de vue qui vont soutenir et faire avancer mon récit. Alors, c'est une banalité de noter que la facture principale de ces discours est lucanienne : je le revendique hautement.

Il serait néanmoins très court de s'en tenir là. Déjà, je viens de vous le faire remarquer, je n'ai pas donné la parole à tous les protagonistes des Actes, mais uniquement aux figures que je considère comme essentielles, et donc d'abord et avant tout à Pierre et Paul : manière pour moi de les mettre autrement en avant.

Ensuite, j'ai toujours tenu à respecter la personnalité et les opinions de chacun, ce qui me conduit, selon les normes propres aux historiens de mon époque, à attribuer à chacun des propos qu'il aurait pu tenir, voire des propos que j'ai recueillis de leur bouche ou de celles de leurs proches. Ce n'est donc aucunement un hasard si :

1. Dans le discours de Pierre en Ac 2, trop long pour que je vous en donne le texte ici, les versets 23-24 évoquent le thème de la *prescience* de Dieu (« cet homme qui avait été livré selon le dessein bien arrêté et la prescience de Dieu, vous l'avez pris et fait mourir en le clouant à la croix par la main des impies, mais Dieu l'a ressuscité, le délivrant des affres de l'Hadès », trad. BJ) qui ne se retrouve ailleurs que… dans ce que vous appelez la première lettre de Pierre.

2. L'emploi du terme Hadès, auquel plusieurs versions préfèrent celui de « mort » mais qui est clairement en relation avec la citation psalmique qui va suivre, était un terme qu'employait volontiers Jésus et qu'il a d'ailleurs utilisé lorsqu'il a défini la mission de Pierre en Mt 16,18[3] : « Tu es Pierre, et sur cette pierre je bâtirai mon Église, et les Portes de l'Hadès ne tiendront pas contre elle ».

J'ai aussi cherché à les faire parler dans des circonstances variées, ce qui me permet en second lieu de faire le tour d'un sujet ou d'une personnalité : tous vos commentateurs ont remarqué que le récit de la rencontre de Paul à Damas est proposé à trois reprises, initialement à la forme directe en 9,3-19, puis à l'intérieur d'un discours devant les Juifs de

---

[3] Je sais bien que ces propos sont mis en doute par beaucoup de vos commentateurs aujourd'hui, étant trop « catholiques » pour certains, et rapportés en outre par le seul Matthieu : mais le propos est bien frappé, typique de la manière de Jésus, et, comme c'est le cas ici, la singularité peut être aussi le signe de l'authenticité. Vous en avez d'ailleurs un exemple quand je rapporte la conversion au christianisme de prêtres juifs en Ac 6,7.

Jérusalem en 22,1-21, puis enfin devant le roi Agrippa en 26,2-23. Comparez ces trois récits et vous verrez qu'ils se recouvrent partiellement, mais aussi se complètent.

Ac 2,42-47 ; 4,32-35 ; 5,12-16 : les sommaires ou le rôle de la répétition

La plupart d'entre vous ont dû entendre ce terme de « sommaires » utilisé par vos commentateurs pour désigner des résumés d'activité, parfois très courts[4] : les plus célèbres et les plus longs sont ceux dont je viens de donner les références en titre.

Je reviendrai dans un autre volume sur leur contenu détaillé, mais vous pouvez facilement remarquer, en les comparant, que des répétitions, parfois mot pour mot, existent de l'un à l'autre : par exemple « nombreux étaient les signes et les prodiges accomplis par les apôtres » (2,43 et 5,12) ou encore « ils avaient la faveur de tout le peuple » (2,47 et 4,33).

Ces répétitions me servent à montrer qu'ils proviennent d'une même source, et étaient originellement liés : le rapport dont je disposais mettait l'accent sur la prière, la communauté de biens, les guérisons, et j'ai choisi de répartir la matière sur trois « sommaires », pour mettre en valeur les trois accents et sachant que, dans nos usages littéraires, la répétition signale l'importance.

Ac 6,1-6 ou le rapprochement théologique

Voilà un passage dont la réception a assuré le succès : c'est en effet le récit de l'élection de sept hommes, récit auquel l'Église catholique a

---

[4] Ainsi « la parole du Seigneur croissait » en Ac 6,7 ; 12,24 ; 19,20.

coutume de se référer pour l'ordination de ses « diacres ». Pour elle en effet, même si elle se montre plus réservée aujourd'hui, ce passage des Actes serait la création de cet « ordre ». Mais l'attention au texte, tant dans son environnement qu'en lui-même, ne soutient pas cette lecture.

Voici le texte dans la traduction de la *Bible de Jérusalem* :

« [1] En ces jours-là, comme le nombre des disciples augmentait, il y eut des murmures chez les Hellénistes contre les Hébreux. Dans le service quotidien, disaient-ils, on négligeait leurs veuves. [2] Les Douze convoquèrent alors l'assemblée des disciples et leur dirent : " Il ne sied pas que nous délaissions la parole de Dieu pour servir aux tables. [3] Cherchez plutôt parmi vous, frères, sept hommes de bonne réputation, remplis de l'Esprit et de sagesse, et nous les préposerons à cet office ; [4] quant à nous, nous resterons assidus à la prière et au service de la parole. " [5] La proposition plut à toute l'assemblée, et l'on choisit Étienne, homme rempli de foi et de l'Esprit Saint, Philippe, Prochore, Nicanor, Timon, Parménas et Nicolas, prosélyte d'Antioche. [6] On les présenta aux apôtres et, après avoir prié, ils leur imposèrent les mains » (Ac 6,1-6).

Déjà, la vague introduction « en ces jours-là » (gr. *en de tais hêmerais tautais*) constitue chez moi un signe de composition. Mais en outre, il suffit de regarder, dans la suite de mon récit, l'activité de quelques-uns des Sept, par exemple Étienne et Philippe, pour comprendre qu'ils sont loin de limiter leur mission au service des tables. Et une attention plus rigoureuse au texte permet de franchir un pas de plus et de s'interroger sur le lien réel qui existe entre l'occasion que j'évoque (un désaccord entre deux groupes de la communauté primitive) et la réalité de l'institution des Sept : certes, j'ai lié les deux événements, mais il est facile de reconnaître que ce lien est factice, puisque rien n'impose que le « service quotidien » (gr. *hê diakonia hê kathemerinê*) soit de quelque manière un service de table… En fait, ma documentation évoquait deux événements différents, mais j'ai choisi par souci de simplification, et dans la mesure où ils avaient tous deux rapport avec l'organisation de la communauté primitive, de les lier.

Je vous donnerai encore un autre exemple, plus loin à propos d'Ac 15, de ces liens événementiels que j'ai pratiqués, pour des raisons de commodité littéraire et souvent aussi de simplification théologique, mais vous devez être capables de les reconnaître. Il faut vous rendre compte que, suite à mon enquête, ma documentation était très large, et que j'ai choisi de dire beaucoup en peu de mots : il m'a fallu pratiquer le genre du « rapprochement » (nos amis anglais utilisent un mot qui me semble meilleur, *conflation*).

D'ailleurs, dans ce même passage, j'ai pratiqué une autre forme de simplification, théologique plus que littéraire, moins visible peut-être mais non moins réelle : au verset 6, ceux qui imposent les mains semblent bien être les apôtres. Cela convient bien dans le contexte actuel, mais dans celui d'origine, où l'élection des Sept n'était pas liée à cette affaire de tables, l'imposition fut l'affaire de toute la communauté : c'était le signe d'un envoi en mission comme on en trouve dans certains passages de « l'Ancien Testament ». J'ai donc choisi de rester un peu flou dans ma rédaction qui peut se lire ainsi : « que l'on présenta aux apôtres, et, ayant prié, on leur imposa les mains ».

Ac 8 et les modèles représentatifs

Dans ce chapitre, encore une fois trop long pour être transcrit ici, j'ai choisi de vous présenter deux rencontres successives faites par Philippe, l'un des Sept : la première avec un magicien samaritain, la deuxième avec un eunuque éthiopien. Vous devez vous dire que je suis allé chercher loin, mais tel n'est pas le cas : Philippe habitait Césarée en Samarie, et j'ai été informé de ses démêlés avec un magicien voisin ; par ailleurs, je savais la présence à Jérusalem, pour les grandes fêtes, de prosélytes venus de loin, en particulier d'Éthiopie, et l'on m'a dit que l'un d'eux, haut fonctionnaire, s'était converti au christianisme, comme d'ailleurs aussi, et je le signale (6,5), des prêtres jérusalémites.

Ce sont sur ces bases que j'ai bâti ma narration, me rendant compte que ces deux figures atypiques étaient aussi exemplaires de la force de l'évangile. Compte tenu de la proximité géographique et de la connaissance que Philippe avait de la Samarie et que j'avais moi-même de lui, mon propos est mieux informé sur Simon qu'il ne l'est à propos de l'eunuque, dont on ne m'a d'ailleurs pas transmis le nom : j'ai donc repris pour ce dernier une trame narrative que vous pourrez rapprocher sans peine de celle des disciples d'Emmaüs dans mon évangile (ch. 24).

Mais sur tout cela, je reviendrai plus loin.

Figure 2 : Baptême de l'eunuque éthiopien par Lambert Sustris - 1550 (Wikimedia)

Ac 18,12 et 22-23, et toujours le rapprochement théologique

Je vous propose maintenant de sauter plusieurs chapitres, en particulier le chapitre 15 sur lequel je reviendrai, pour arriver au chapitre

18 censé vous présenter la fondation de l'église de Corinthe. Un chapitre qui n'a pas manqué de poser de difficiles questions d'interprétation, plus ou moins importantes, à la plupart des commentateurs qui font fi d'une critique textuelle. En voici deux, en commençant par la plus importante :

1. De quand dater la fondation de l'église de Corinthe ? Dans la logique narrative, elle se situe après le « concile » de Jérusalem, mais surtout à la fin du deuxième voyage de Paul, soit autour de l'année 50. Mais l'édit de Claude, évoqué au verset 2 pour justifier l'arrivée de Priscille et d'Aquilas à Corinthe, est sans aucun doute bien antérieur, de l'année 41[5].
2. Comment comprendre que, dans la foulée, le chef de synagogue soit Crispus au verset 8 et Sosthène au verset 17 ?

Plusieurs solutions ont été proposées pour la deuxième question, mais la plus logique est bien sûr de considérer que les deux personnages évoqués ont rempli leur fonction à deux moments différents de l'histoire de Corinthe. Et ce point de vue se trouve très conforté dès lors qu'avec un J. Taylor[6] et quelques autres, vous comprenez qu'au verset 12, le « alors que Gallion était proconsul de Corinthe » n'évoque pas nécessairement une suite immédiate de ce qui a été évoqué auparavant, mais un nouveau moment de l'histoire « lorsque Gallion était proconsul de Corinthe ».

Autrement dit, avec raison, notre commentateur et plusieurs autres aujourd'hui[7] voient dans l'ensemble du chapitre 18 la collation de deux

---

[5] Cf. J. Murphy O'Connor, *Corinthe au temps de saint Paul*, Paris, Cerf, p. 201s ; G. Lüdemann, *Paul, apostle to the Gentiles: Studies in Chronology*, Philadelphia, Fortress Press, 1984.

[6] J. Taylor, *Les Actes des deux Apôtres*, Études bibliques nouvelle série n° 23, Paris, Gabalda, 1994, p. 325.

[7] Sur ce thème de la concentration de deux visites en une, cf. John Coolidge Hurd, *The origin of I Corinthians*, New York, Seabury Press, 1965), p. 30 ; Charles H. Buck, "Collection for the Saints," *HTR* 43, n° 1, 1950, p. 1-30, ici note 35 p. 27.

séjours différents de Paul à Corinthe, un au lendemain de l'édit de Claude, voyage de fondation vers 41-42, l'autre alors que Gallion était proconsul, vers 52. Si j'ai opéré ce rapprochement, au mépris de la chronologie diront ceux qui oublient que je les ai prévenus dans ma préface, c'est parce que les deux événements se passent à Corinthe, et qu'ils s'inscrivent dans une même perspective théologique permettant de rassurer Théophile, celle que j'exprime aux versets 9-10 : « le Seigneur dit à Paul : 'Sois sans crainte. Continue de parler, ne te tais pas. Car je suis avec toi et personne ne mettra sur toi la main pour te faire du mal, parce que j'ai à moi un peuple nombreux dans cette ville' ».

Un petit mot maintenant sur les versets 22-23, qui va nous introduire à la lecture de… mon chef d'œuvre littéraire, Ac 15. Voici ces versets dans la traduction de la Bible de Jérusalem : « [22] Débarqué à Césarée, il [Paul] monta saluer l'Église, puis descendit à Antioche ; [23] après y avoir passé quelque temps (gr. *poiêsas chronon tina*), il repartit et parcourut successivement le territoire galate et la Phrygie en affermissant tous les disciples ».

Vous avez tous noté que je ne donne pas le nom de l'Église, même s'il est facile d'y reconnaître Jérusalem du fait de la montée, et que j'évoque vaguement un temps passé à Antioche : ce sont des « raccourcis » qui tiennent compte de ma narration antérieure. En effet, tout ce qui est dit là est en rapport avec Ac 15, à savoir un premier séjour à Jérusalem ET un passage plus tardif à Antioche qui a eu un résultat déterminant : il était inutile d'y revenir. Mais vous comprenez du coup combien il est important de bien lire ce chapitre 15 auquel je viens maintenant.

Ac 15, ou l'unité d'action, de temps et de lieu

Ce chapitre se situe à peu près au milieu de l'ensemble des Actes, et je dis à peu près non seulement parce que je n'ai pas compté, mais en outre parce que je ne disposais pas comme vous d'une division en chapitres et versets : mais oui, en gros, ce doit être le milieu. Et ça l'est d'un autre point de vue, voulu de moi : j'avais placé Pierre au-devant de la scène jusqu'au chapitre 12, puis commencé à faire intervenir Paul, mais ce dernier va vraiment devenir pour moi la figure emblématique de l'évangélisation à partir du chapitre 15, après avoir reçu l'aval des autorités de Jérusalem. Il s'agit donc de faire de la mission vers les païens un projet commun, défini à un moment[8] clé de l'histoire de la communauté primitive et évidemment, pour moi, cela ne pouvait se faire qu'à Jérusalem avec tout le monde présent.

Unité d'action, unité de lieu, il fallait donc aussi, pour le metteur en scène que je suis, respecter l'unité de temps pour tenir compte des règles de votre théâtre classique bien des siècles avant qu'il en soit question. Depuis longtemps déjà, des lecteurs de ce chapitre 15 ont remarqué que le début en était un peu contradictoire : au verset 6, je mentionne *cette* question, mais je viens juste d'en évoquer deux au verset précédent, qui ne sont pas nécessairement liées, à savoir la circoncision et l'observation de la loi de Moïse ; un peu plus loin, les deux protagonistes que je fais parler, Pierre/Syméon d'un côté, Jacques de l'autre, font à nouveau écho à deux questions, celle du joug de la circoncision d'un côté, de l'autre, la tracasserie des exigences mosaïques relatives à la pureté, essentiellement celles de la nourriture. Et plus loin encore, les décisions prises ne concernent de fait que ces dernières.

Beaucoup de commentateurs l'ont compris depuis longtemps, mais pas tous loin de là : j'ai conjoint deux questions qui, pour être relatives toutes deux à des exigences mosaïques, n'en sont pas moins très différentes, celle de la circoncision et celle des règles de pureté à observer, essentiellement dans le cadre des repas, et que je vais donc appeler règles de commensalité. Ces deux questions n'ont absolument pas la même temporalité : la détermination de l'opportunité de la circoncision est un

---

[8] En fait, comme je vais vous le montrer, deux moments que j'ai « réduits » à un.

préalable à toute entreprise d'évangélisation des païens, tandis que les règles de commensalité supposent déjà l'existence de communautés mixtes, chrétiens d'origine juive et païenne, où les païens ont une présence notable.

Et, de fait, elles ne se sont pas posées dans les mêmes circonstances :

➤ La question de la circoncision a été posée par Paul à Jérusalem avant même son premier voyage missionnaire, autrement dit en 37, et il l'évoque d'ailleurs en Ga 1,18-19 : sa résolution était de son point de vue la condition préalable de sa mission.

➤ La question de la commensalité est évoquée par Paul dans cette même lettre, en 2,15-21, mais dans un contexte tout autre, celui d'une altercation avec Pierre qui a donné naissance à deux clans opposés. Elle date de son passage à Antioche en 53, et elle s'est résolue par l'envoi d'une délégation antiochienne, composée en particulier de Silas et de Syméon, celui d'Ac 13,1, qui n'est donc pas Pierre, auprès des autorités de Jérusalem, guidées alors par Jacques. C'est cette rencontre qui a produit le décret évoqué en Ac 15.

Pourquoi ai-je opéré cette concentration, qui a posé tant de problèmes d'interprétation aux commentateurs depuis des siècles, alors que la solution, que je viens de vous livrer, est relativement simple ? Bien sûr, je n'imaginais pas les complications qu'elle engendrerait. Mais surtout, je n'avais en vue que la question catéchétique : pour Théophile, j'ai voulu rassembler tout ce qui concernait le rapport des judéo-chrétiens et des pagano-chrétiens dans un seul bloc narratif, une rencontre ayant eu lieu à Jérusalem avec tous les protagonistes de l'affaire, et donnant lieu à des décisions reconnues par tous. Autrement dit, j'ai voulu simplifier la question théologique en négligeant la question chronologique : or c'est cette dernière qui, aujourd'hui, dans votre monde cartésien, retient l'attention !

Au fait, vous devez comprendre un peu mieux maintenant les versets 22-23 du chapitre 18 : Paul a bien vécu une montée à Jérusalem à la fin de son deuxième voyage, en 52, avant de repartir pour Antioche. Là, juste avant qu'il ne reparte pour un troisième voyage, s'est produit le différend avec Pierre, sur lequel je n'avais aucune raison de revenir : d'où le vague « quelque temps » du verset 23.

Attention donc quand vous me lisez à ces indications temporelles : elles peuvent n'avoir aucun poids, ou au contraire, comme c'est le cas ici, cacher bien des événements. Tenez, regardez encore, allez en Ac 14,3 où j'emploie l'expression « assez longtemps » (gr. *hikanon chronon*) que la plupart de vos commentateurs négligent d'interroger : pourtant, ne devraient-ils pas s'étonner qu'après avoir été traités si mal à Iconium, Paul et Barnabé aient choisi d'y rester ? La réponse est simple, ils y ont été obligés par la maladie que Paul évoque en Ga 4,13 ! Mais je n'ai pas jugé utile d'y donner plus d'écho dans ma narration.

Ah ! cette question obsessionnelle de la précision du temps qui est la vôtre, du moins dans le monde occidental : vous voulez toujours maîtriser le temps, alors qu'il appartient à Dieu. Souvenez-vous de cette parole de Jésus, si profonde : « Qui d'entre vous peut, en s'en inquiétant, ajouter une seule coudée à la longueur de sa vie ? » (Mt 6,27).

Nous, nous n'avions pas de montre, et nous nous guidions au soleil, comme c'est le cas encore de bien des populations de votre planète : ce n'est pas du tout pareil, et nous n'en étions pas plus malheureux.

Bon, j'estime en avoir assez dit sur ces considérations rédactionnelles, je suis sûr que la plupart des lecteurs de cet ouvrage sur les Actes attendent autre chose de moi, un retour sur le texte lui-même pour faciliter sa lecture. Nous sommes d'accord, mais il reste quand même un préalable : avant de prendre une route, il importe d'en connaître le but et les moyens que l'on va se donner pour l'atteindre. Je vais donc maintenant évoquer le but que j'ai donné à l'ouvrage, et le plan que j'ai estimé bon de suivre pour atteindre ce but.

III : Le but et le chemin

Le ou les buts de la rédaction des Actes des Apôtres

Quand on écrit un ouvrage, faut-il parler d'un but ou de plusieurs ? Le plus souvent, il en est un qui s'impose au rédacteur, mais cela n'exclut en rien qu'il y en ait d'autres, secondaires peut-être mais parfois aussi importants.

Vous le savez, ce qui caractérise les Actes des Apôtres, c'est que je les ai conçus dans la foulée de l'évangile comme une suite, même s'ils en sont séparés : du coup, certains de vos commentateurs en parlent comme de l'accomplissement des promesses faites par Jésus dans l'évangile (cf. Lc 24,47-48). En effet, ce facteur a joué pour moi un rôle considérable, qui s'explique : si l'évangile trouve son accomplissement, alors Jésus était bien le Messie attendu. En quelque sorte, les Actes sont une preuve de la vérité de l'évangile.

Je n'ai donc pas lésiné sur cette dimension d'accomplissement qui suppose, je le rappelle, à la fois continuité et dépassement. L'un de mes procédés littéraires favoris a consisté à suggérer des parallélismes entre certaines grandes figures, tout en soulignant combien l'une annonce ou inversement parachève l'autre. Certains de vos commentateurs donnent un nom grec à ce procédé, *synkrêsis*, mais je n'ai rien inventé : la Bible connaît depuis longtemps la forme antitype/type.

De l'évangile aux Actes, voyez comment j'ai fait en sorte que le « procès » d'Étienne (Ac 7) soit une reprise de celui de Jésus (Lc 22,66-70), incluant la présence de faux témoignages (Mc 14,55-59 ; Ac 6,11-13) et le pardon accordé aux bourreaux (Lc 23,34 ; Ac 7,60). Au sein même des Actes, voyez comment Paul est comparable à Pierre à partir du moment où il occupe le devant de la scène : il s'affronte à un magicien (Ac

13,6-12 ; cf. Ac 8,9-13), il guérit un paralytique (Ac 14,8-10 ; cf. Ac 3,1-10) etc.

En même temps, ces actes, ces gestes sont un accomplissement à un autre titre : ils sont la réalisation de ce que Jésus avait annoncé. Ainsi, les apôtres sont poursuivis (Lc 21,12-13), ils n'ont pas à préparer leur défense, elle leur est donnée sur le moment (Lc 12,11-12 ; 21,14-15), ils sont remplis de l'Esprit-Saint (Lc 24,49).

La thématique, théologique, de l'accomplissement constitue donc bien le but premier, la « cause finale » de la rédaction des Actes des Apôtres. Mais pour manifester cet accomplissement historiquement, dans l'ordre de l'universalité, j'ai pensé nécessaire de recourir à une dimension historico-géographique (cf. Ac 1,8), que certains appelleraient peut-être « cause efficiente », et qui manifesterait l'universalité du message évangélique (cf. par exemple Lc 2,32 : « lumière pour éclairer les nations et gloire de ton peuple Israël »). J'ai donc aussi montré comment « la parole de Dieu croissait et se multipliait » (Ac 12,24 ; cf. 6,7 et 19,20), dépassait les frontières géographiques, atteignait le monde païen, et contribuait ainsi à former « un peuple bien disposé » (Lc 1,17). Les voyages de Paul correspondaient à cette volonté, et j'ai donc beaucoup insisté sur eux ; mais déjà la mise en valeur de la prédication de Philippe en Samarie, aux confins du monde païen, s'inscrivait pour moi dans la même caractéristique universaliste du progrès de la parole de Dieu.

Il me reste à parler du chemin, autrement dit du plan que j'ai suivi.

Le plan des Actes des Apôtres

Comme il est facile de le remarquer, j'ai mis au premier plan dans les Actes des Apôtres deux figures importantes de l'évangélisation primitive, Pierre d'abord qui ouvre en quelque sorte le chemin, Paul ensuite qui met en œuvre et accompli à sa manière : et certains de vos commentateurs divisent donc l'ensemble de l'ouvrage selon deux axes, la « geste de Pierre », puis la « geste de Paul ».

Cette proposition est intéressante, mais, je viens d'ailleurs de vous le dire, ces figures sont d'abord et avant tout des figures porteuses de l'évangile, et qui furent loin d'ailleurs d'être les seules : plusieurs personnages, auxquels j'ai affecté de donner un rôle « secondaire », tels Etienne, Philippe, Barnabé, Jean-Marc, Priscille et Aquila, Apollos, ont eux aussi tenu une place très importante comme porteurs de l'évangile.

C'est donc autour de cette diffusion de l'évangile que j'ai organisé mon propos, comme le suggère d'ailleurs Ac 1,8. Et il serait plus juste de lui donner le cadre suivant :

> ➤ Les fondements de l'évangélisation (1,1 à 8,3) : l'Esprit-Saint, l'organisation communautaire.
> ➤ Les premières étapes de l'évangélisation (8,4 à 16,8) : des franges de la Judée jusqu'à la mer Égée.
> ➤ Jusqu'aux extrémités du monde (16,9 à 28,31) : du passage en Europe[9] jusqu'à Rome.

Une telle structuration met l'accent sur plusieurs points :

- En premier lieu, sur le développement de la parole de Dieu : remarquez que le refrain déjà évoqué, « la parole de Dieu croissait », se retrouve dans chacune des parties proposées.
- En deuxième lieu, le rôle essentiel joué par l'Esprit-Saint, à ce point que certains ont voulu parler du « temps de l'Esprit » : je vais y revenir.

---

[9] L'emploi de ce mot est un anachronisme, l'Europe n'existant pas à mon époque. Et pour ce qui est de la vôtre, son extension est débattue. Mais je vais garder le mot pour des raisons de commodité et en fonction de vos usages : j'étends donc l'Europe de l'Espagne jusqu'au détroit du Bosphore, et au-delà, je parle d'Asie.

- En troisième lieu, le passage en Europe : je lui ai donné un relief particulier en le considérant comme le résultat d'un songe, le fameux « appel du Macédonien », manière pour moi de mettre en scène l'action directe de Dieu.

Tout cela étant dit, nous pouvons… partir sur la route et parcourir nos trois étapes. Je le redis encore une fois, il ne s'agira pas d'une lecture suivie, qui fera l'objet d'un autre volume : non, je vais plutôt vous proposer des guides de lecture de chacune des trois parties, autrement dit les points clés narratifs et théologiques qui ont présidé à leur écriture.

IV : Première étape, les fondements de l'évangélisation

Qu'est-ce qui pousse quelqu'un à parler ? Bien sûr, en premier lieu, le fait d'avoir quelque chose à dire qui, si possible, n'a pas encore été dit, ou en tout cas ne l'a pas été dans la manière dont l'orateur ou l'écrivain veut le dire. Mais cela ne suffit pas : il y faut aussi une sorte de motion intérieure qui va le conduire à braver les difficultés et les défis, d'autre part un espace de ressourcement sans lequel son propos n'aura qu'un temps ou ne sera délivré qu'une fois. Voilà pourquoi, alors que, comme vous pouvez le constater facilement dans les Actes, j'ai donné une grande place aux discours d'évangélisation, mais aussi aux contradictions et violences rencontrées par les porteurs de la parole, j'ai voulu mettre l'accent pour commencer d'une part sur le don de l'Esprit, d'autre part sur la qualité de la vie commune. Et souligner ensuite combien cela permet de tenir dans l'épreuve. Trois éléments qui restent d'ailleurs au cœur de votre vie en Église aujourd'hui.

Le don de l'Esprit

Puisque je viens de vous expliquer combien le don de l'Esprit fut important pour la communauté primitive, vous ne devriez pas vous étonner du traitement très large que je lui ai donné au début des Actes. Et ce de plusieurs manières :

1. En soulignant qu'il était le fruit d'une promesse.
2. En mettant en scène l'événement qui va le procurer aux disciples.
3. En insistant sur ses effets.

Reprenons ces trois points. Si j'ai rappelé, dans le discours de Pierre en 2,16-21, que l'Esprit était le fruit d'une promesse de Dieu, celle proposée par le prophète Joël (3,1-5), ce fut bien sûr parce qu'elle s'inscrivait du coup dans cette dimension d'accomplissement dont je vous ai dit l'importance. Dès lors, la vie ecclésiale, celle dont vous vivez encore d'ailleurs, réalise la promesse et vous assure de vivre ces derniers jours qui préparent la venue du Jour du Seigneur. La Pentecôte, dont je vais maintenant parler, n'est donc pas un événement du passé, mais une réalité toujours actuelle qui déploie ses effets dans le temps et dans l'espace.

J'ai donc situé ce premier don de l'Esprit à Jérusalem en lien avec une célébration, traditionnelle dans le monde juif, de la Pentecôte, à laquelle j'ai donné un lustre particulier : chambre haute, phénomène des langues de feu, capacité à parler en toutes langues, grand concours de peuple à l'extérieur etc. Pourquoi la Pentecôte ? Le don de l'Esprit ne pouvait-il se produire à un autre moment, ou dans un autre lieu, comme cela se fera d'ailleurs plus tard à Césarée, avec des païens (cf. 10,44-48) ?

En premier lieu, parce que mes notes associaient les deux événements, et que j'ai donc considéré que ce fut la volonté de Dieu qui s'était exprimée de la sorte. Mais en second lieu parce que la Pentecôte, après avoir été une fête de la moisson, commençait à être associée au don de la loi à Moïse : or l'Esprit-Saint représentait à mes yeux la loi nouvelle donnée au peuple chrétien, comme l'exprime aussi l'apôtre Paul en Rm 8,1-4.

Et donnée par le peuple chrétien à tous les peuples : voilà pourquoi j'évoque cette faculté qu'ont eue les apôtres, après avoir reçu l'Esprit, de parler en toutes les langues. Gardant dans ma mémoire la confusion des langues qui s'était produite à Babel (Gn 11), j'ai pour cela transformé un phénomène banal de « glossolalie » (entendez un babillage informel et joyeux) en un autre, plus rare, d'hétéroglossie (comprenez le fait de parler une autre langue) qui permet une communication universelle. À titre d'exemple, j'ai donc « convoqué » plusieurs peuples, mais en reprenant une liste déjà existante correspondant en gros aux pourtours de la

Méditerranée, j'étais limité : bien sûr, mon intention était de souligner que l'Esprit est destiné à tous, au-delà de Jérusalem et du peuple juif.

Quant aux effets de ce don, j'ai surtout insisté sur l'unité et la communion. Le moyen était simple : multiplier non seulement les signes ou les gestes, mais encore et surtout les éléments de vocabulaire. Regardez ce que cela donne dans l'introduction au récit de Pentecôte, où j'ai mis en gras ce vocabulaire : « [1]Le jour de la Pentecôte étant arrivé, ils se trouvaient **tous ensemble** dans un **même** lieu, [2]quand, tout à coup, vint du ciel un bruit tel que celui d'un violent coup de vent, qui remplit **toute** la maison où ils se tenaient. [3]Ils virent apparaître des langues qu'on eût dites de feu ; elles se partageaient, et il s'en posa une sur **chacun** d'eux. [4]**Tous** furent alors remplis de l'Esprit Saint et commencèrent à parler en d'autres langues, selon que l'Esprit leur donnait de s'exprimer » (2,1-4).

Figure 3 : Pentecôte - Auteur inconnu - 1550 (Wikimedia)

A contrario, vous pouvez facilement imaginer que, dans ce contexte particulier d'inauguration des temps nouveaux, la rupture de communion, quelle qu'en soit la forme, représentait un péché mortel : ce que j'ai exprimé dans l'épisode d'Ananie et de Saphire (Ac 5), en faisant porter à

Pierre, comme représentant de toute la communauté, le poids de leur mort. Dois-je vous rappeler que Jésus lui-même avait dénoncé le blasphème contre l'Esprit et l'avait donné pour irrémissible ? Voici ses paroles : « Aussi je vous le dis, tout péché et blasphème sera remis aux hommes, mais le blasphème contre l'Esprit ne sera pas remis » (Mt 12,31).

Il s'agissait d'autant moins de déroger que les adversaires, comme des lions impatients de dévorer (cf. 1 P 5,8-9), nous guettaient et qu'une totale exemplarité paraissait seule susceptible de calmer leurs ardeurs : il en va toujours ainsi dans les commencements, mais j'espère que, tout en faisant aujourd'hui plus de place à la miséricorde, vous restez exigeants sur la qualité de la communion ecclésiale.

La vie commune

Avoir de l'élan, c'est bien, mais éviter qu'il ne retombe, c'est mieux encore, et la vie commune doit y aider. Alors que Jésus partageait encore la vie de ses disciples, voyez comment certains d'entre eux aimaient se retrouver autour de lui, partager leurs « exploits » pour être prêts à repartir : « Les soixante-douze revinrent tout joyeux, disant : " Seigneur, même les démons nous sont soumis en ton nom ! " Il leur dit : " Je voyais Satan tomber du ciel comme l'éclair ! Voici que je vous ai donné le pouvoir de fouler aux pieds serpents, scorpions, et toute la puissance de l'Ennemi, et rien ne pourra vous nuire " » (Lc 10,17-19).

J'ai donc écrit des « sommaires », autrement dit de brefs résumés de vie chrétienne dont vous trouverez les principaux en 2,42-47 ; 4,32-34 ; 5,12-16. Notez à nouveau combien j'ai multiplié en chacun d'eux le vocabulaire de l'unité, évoqué précédemment.

À ce moment-là de son histoire, la communauté chrétienne primitive ne songeait pas tant à constituer une église pour soutenir l'évangélisation, qu'à témoigner à titre exemplaire de la communion et de la force suscitées par le don de l'Esprit. Reste qu'à mes yeux, cette communauté était le premier embryon du nouveau peuple de Dieu, en s'inscrivant dans la ligne de « l'assemblée du désert » qui constitua les prémices du peuple d'Israël : j'ai choisi de le suggérer au début du chapitre 6 en évoquant des murmures qui ressemblaient fort à ceux entendus par Moïse pendant l'Exode (cf. Ex 16,2-12).

Ces murmures, comme l'attitude antérieure d'Ananie et de Saphire, témoignent que l'exemplarité dont je me suis fait le héraut, ne fut pas aussi remarquable que je le prétends : c'est vrai, j'ai enjolivé les choses, j'ai décrit un idéal plus qu'une réalité, mais n'oubliez jamais que j'ai écrit à l'intention de Théophile pour l'encourager. La réalité, je ne l'ai pas dissimulée, et il est du ressort de vos commentateurs de la décrypter dans mes propos.

La force dans l'épreuve

Parmi les dons de l'Esprit (cf. Is 11,2), figure la force : celle-ci est essentielle face aux épreuves qui ont été annoncées à ses disciples par Jésus lui-même. De fait, ils la manifestent comme je le signale à propos d'Étienne : « Étienne, rempli de grâce et de puissance, opérait de grands prodiges et signes parmi le peuple (…) Ils n'étaient pas de force à tenir tête à la sagesse et à l'Esprit qui le faisaient parler » (6,8.10).

L'épreuve configure au Christ, comme je me plais à le souligner toujours à propos d'Étienne en multipliant les parallèles entre son procès et sa fin et ceux de Jésus, mais en outre, elle « fait la preuve » de la qualité de la foi de celui qui l'affronte. Dans les Actes, l'épreuve est donc très présente, non seulement dans le martyre d'Étienne, mais aussi dans les emprisonnements, les brutalités, les difficultés de toutes sortes qui touchent les premiers disciples. Quand je parle par exemple des persécutions subies par Saint Paul, je suis loin d'en rajouter par rapport à ce que Paul dit lui-même dans un passage de la deuxième lettre aux Corinthiens : « Ils sont ministres du Christ ? Je vais dire une folie ! Moi, plus qu'eux. Bien plus par les travaux, bien plus par les emprisonnements, infiniment plus par les coups. Souvent j'ai été à la mort. Cinq fois j'ai reçu des Juifs les trente-neuf coups de fouet ; trois fois j'ai été battu de verges ; une fois lapidé ; trois fois j'ai fait naufrage. Il m'est arrivé de passer un jour et une nuit dans l'abîme ! Voyages sans nombre, dangers des rivières, dangers des brigands, dangers de mes compatriotes, dangers des païens, dangers de la ville, dangers du désert, dangers de la mer, dangers des faux frères ! Labeur et fatigue, veilles fréquentes, faim et soif, jeûnes répétés, froid et nudité ! » (11,23-27).

Venons-en maintenant à la deuxième étape des Actes, qui se caractérise par une diffusion plus large de la parole de Dieu, aux marges de la Judée et jusqu'en Asie mineure.

V : Deuxième étape, l'évangile aux marges

Je viens d'évoquer pour vous les persécutions dont furent victimes les membres de la première communauté chrétienne, dont Étienne au premier chef : dans le premier verset du chapitre 8 des Actes, j'ai signalé que ces persécutions avaient pris une telle extension qu'elles ont conduit à une dispersion jusqu'en Samarie. J'en excepte les apôtres : tout simplement parce que ces persécutions ont visé essentiellement les disciples de langue grecque, les Hellénistes, et donc parmi eux les Sept.

Aux marges de Jérusalem

Le chapitre 8, dont je vous ai déjà parlé en évoquant mes principes de composition, va donc montrer l'un des Sept, Philippe, en acte d'évangélisation au travers de deux rencontres, l'une se tenant dans une ville de Samarie, l'autre « sur la route de Jérusalem à Gaza » (v. 26), pas loin d'Azot (= Ashdod) comme je le précise au verset 40. Avant de repartir pour Césarée, d'où il est issu (21,8).

Certains commentateurs ont tenté de retracer précisément les déplacements que j'évoque, en butant sur le nom de la ville de Samarie que je n'indique pas. Et pour cause : je n'en sais pas plus sur elle que sur le lieu précis de rencontre avec l'eunuque éthiopien ou sur le nom de ce dernier. A la vérité, ces deux rencontres ont d'abord valeur théologique plus qu'historico-géographique : elles montrent à mes yeux la puissance de l'évangile. Tout ce que je peux vous dire est que Philippe a arpenté l'ancienne route côtière bien connue qui relie Césarée à Gaza, et qu'il n'a pas eu besoin de s'en écarter pour faire les rencontres évoquées : nous sommes bien en Samarie ou aux marges de la Judée (cf. Ac 8,1).

Mais les marges, ce sont aussi celles où se trouvent les deux personnes rencontrées et où la parole de Dieu est venue les rejoindre : un magicien, samaritain de surcroît, et un eunuque, éthiopien de surcroît. En écrivant de surcroît, je veux simplement souligner que la « nationalité » des deux hommes ajoute une difficulté à leur situation humaine : les samaritains sont mal vus des juifs, parce qu'ils représentent les gens de l'ancien royaume schismatique du Nord, et ceux aussi qui se sont mêlés à des populations païennes transférées depuis Babylone après la chute de Jérusalem en 587 av. J. C. ; quant aux éthiopiens, ils forment à mon époque une population noire quelque peu étrange, pour ne pas dire étrangère, mais puissante et prospère sous les Candaces en Nubie, au sud de l'Égypte.

Ethiopien eunuque, samaritain magicien, vous avez là un condensé des situations marginales pour la société juive. Je vous l'ai déjà dit, je ne les ai pas inventées, je me suis contenté de reprendre les plus originales parmi celles que pouvait rencontrer Philippe sur la route côtière. En premier lieu, Simon le magicien, en fait l'anti-Philippe : si Philippe opère des signes et des guérisons, attire les foules, il le fait gratuitement, au nom du Christ et pour conduire à lui, alors que Simon travaille pour de l'argent et sa gloire personnelle : combien sont-ils autour de vous aujourd'hui à agir exactement de même, à mettre au premier plan leur intérêt et non le bien commun ? Même baptisé, Simon ne paraît pas clairement avoir changé à la fin de l'épisode : comme c'était bien le cas, j'ai donc rajouté au verset 24 de la version occidentale qu'il « pleurait abondamment », un peu comme Pierre juste après son reniement.

Quant à l'eunuque, un juif peut-être ou un prosélyte[10] qui revient de pèlerinage, sa position religieuse dans le monde juif était controversée. Si

---

[10] Il me faut sans doute préciser ici que ce terme n'a plus pour vous le sens qu'il avait à mon époque. Dans son acception grecque originale, il désigne simplement l'étranger résident ou non (cf. 1 Ch 22,2). Plus tard, on verra sous ce terme un converti au judaïsme, avec des engagements variables qui conduiront les rabbins à distinguer les « prosélytes de la porte » des « prosélytes de la justice », les premiers soumis aux seuls préceptes noachiques, les seconds acceptant la circoncision et toutes les lois mosaïques. J'ajoute que ceux de vos commentateurs qui le présentent comme « un païen » ont tort : dans la logique de mon développement narratif, cet eunuque, lecteur de l'Écriture, est ou un juif ou un « prosélyte

le Lévitique le mettait à l'écart de tout sacrifice (21,20), le prophète Isaïe le réintégrait : « Que l'eunuque ne dise pas : " Voici, je suis un arbre sec. " Car ainsi parle le Seigneur aux eunuques qui observent mes sabbats et choisissent de faire ce qui m'est agréable, fermement attachés à mon alliance : Je leur donnerai dans ma maison et dans mes remparts un monument et un nom meilleurs que des fils et des filles; je leur donnerai un nom éternel qui jamais ne sera effacé » (56,3-5).

Figure 4 : Le baptême de l'eunuque par Rembrandt - 1626 (Wikimedia)

---

de la porte », même si la distinction n'existe pas encore. Il est clair que j'ai « réservé » le rôle du païen au centurion que Pierre va rencontrer plus tard.

Celui-ci m'a donc intéressé surtout en tant que juif ou prosélyte éthiopien, donc étranger, première étape vers le monde païen qui s'approche ; mais aussi en tant qu'eunuque, parce que, comme me le disait mon maître Paul, « Dieu ne fait pas acception des personnes ». Pour lui, j'ai repris plus ou moins la trame narrative utilisée avec les disciples d'Emmaüs (cf. Lc 24) :

v. 26-29 : une rencontre inattendue
v. 30-32 : recours à l'Écriture
v. 34-35 : interprétation christocentrique
v. 36-38 : conversion et baptême
v. 39 : joie du nouveau baptisé

Je ne vais pas détailler le propos. Je tiens juste à vous faire remarquer que le texte d'Écriture auquel j'ai eu recours est tiré d'Is 53, autrement dit de ce que vous appelez le « quatrième chant du Serviteur »[11] : il était pour moi un texte source, et j'ai déjà qualifié à plusieurs reprises Jésus de Serviteur (3,13.26 ; 4,27.30) ; mais il a inspiré bien d'autres que moi, par exemple Paul (lisez Ph 2,5-11 en parallèle avec Is 53 ou comparez Rm 10,16 et Is 53,1) ou l'évangéliste Matthieu (8,17 : voir Is 53,4).

Il faut dire qu'ils ne sont pas légions les textes de l'Ancien Testament qui peuvent être appliqués au Christ dans la dimension de vie offerte pour le salut des hommes : et les chants du Serviteur, spécialement le quatrième, sont de ceux-là. Nous les avons donc lus et relus, et je vous invite à faire de même.

---

[11] Is 42,1-9 ; 49,1-13 ; 50,4-11 ; 52,13-53,12. Ces quatre textes mettent en lumière une étonnante figure, choisie par Dieu, lumière des nations, et pourtant méprisée et honnie par les hommes, au point d'y laisser sa vie : on ne pouvait trouver meilleure typologie du Christ.

Aux marges du peuple juif, Paul sur la route de Damas

J'en viens maintenant à l'appel de Paul, dont vous pouvez facilement constater qu'il occupe le premier plan dans les Actes : Pierre, pour une part, ne fait que lui ouvrir le chemin des païens. Mais pourquoi mettre, dans le titre qui précède, Paul aux marges ? Pour deux raisons :

1. La première est que je le considère à ce moment-là encore comme persécuteur de l'Église.
2. Et la deuxième est que l'appel a lieu sur le chemin de Damas.

Sachez que, à l'instar de plusieurs de vos commentateurs, je ne parle pas de la *conversion de Paul* : comme il s'en est expliqué lui-même, par exemple en 2 Co 3, Paul n'a pas vécu un changement total de cap, mais bien plutôt le *dévoilement* (c'est le sens premier du terme apocalypse) d'une réalité déjà présente. Autrement dit, un approfondissement. Je sais que cette interprétation choque nos amis juifs, mais ceux d'entre eux qui ont connu cette rencontre au cours de leur histoire ne peuvent en parler autrement.

Cette rencontre est tellement importante pour moi que je vais la rapporter à trois reprises[12], dans trois contextes différents : indirectement ici au chapitre 9, devant les Juifs réunis à Jérusalem au chapitre 22, et enfin devant le roi Agrippa au chapitre 26. Cette « astuce » littéraire me permet de développer plusieurs facettes de l'événement : voyez par exemple l'accent différent porté sur la médiation d'Ananie.

Maintenant, si vous continuez la comparaison entre ces trois récits, ce que je vous encourage à faire personnellement, vous remarquerez que

---

[12] Cf. le triple appel de Samuel en 1 S 3, ou la triple profession de foi de Pierre, rappel de son triple reniement, en Jn 21,15s.

l'élément vraiment commun à tous est la parole même de Jésus : « Je suis Jésus que tu persécutes ». J'ai voulu ici montrer surtout deux choses :

1. La première est, selon une doctrine que je tiens de Paul et qu'il a développée dans ses lettres (cf. les expressions « en Christ », « dans le Seigneur »), que Jésus le ressuscité est dans les chrétiens et les chrétiens en Jésus : en fait, Paul pensait persécuter les chrétiens et eux seuls.
2. La deuxième est que le Seigneur se trouve aux côtés de ceux qui souffrent.

Il y aurait beaucoup à dire, théologiquement et spirituellement, sur ces deux points, mais ils ont surtout été développés par Paul et c'est dans un ouvrage consacré à sa théologie qu'il faudrait en parler. Pour autant, comprenez bien que moi aussi, à ma manière, plus indirecte peut-être, je fais de *la théologie* en vous racontant *l'histoire* de la progression de la parole de Dieu[13] : j'ai du mal à imaginer qu'on puisse opposer l'une à l'autre.

C'est encore la même préoccupation théologique et historique qui m'a conduit à développer largement la rencontre de Pierre et du centurion romain dont je vais vous parler maintenant.

Pierre à la rencontre du monde païen

Si le grand acteur de l'évangélisation du monde païen fut Paul, avec l'accord des autorités de Jérusalem, comme celui-ci le rappelle d'ailleurs en Ga 2,7-9, et si celui-ci s'est lancé dans l'aventure dès l'année 37, il reste

---

[13] Tenez, un autre exemple : je ne vous l'ai pas dit plus haut, mais mon choix de sélectionner l'histoire de l'eunuque et de la mettre en scène procède aussi de la même ambition, faire simultanément de la théologie et de l'histoire. C'est la meilleure des formations pour Théophile.

que les difficultés et oppositions n'ont pas manqué et se sont prolongées pendant plus de quinze ans. Et c'est en quelque sorte pour le soutenir que j'ai choisi de rappeler et de développer un fait qui m'avait été rapporté, à savoir que Pierre lui-même avait ouvert la voie en « fréquentant » un centurion romain du nom de Corneille. Était-il seulement un païen, sans aucun rapport avec le judaïsme ? En 10,2, je vous en parle comme d'un « craignant-Dieu », autrement dit comme d'un sympathisant de la cause juive, si je peux m'exprimer ainsi. C'était le cas du centurion rencontré par Jésus (Lc 7 ; cf. aussi Lc 23,45-47), et je vous ai ainsi facilité le rapprochement pour vous montrer que Pierre n'avait pas totalement innové.

Suffisait-il de dire que Pierre n'avait fait que suivre Jésus ? Non pas, car ce dernier n'était pas « entré » chez ce centurion, et nos adversaires, venus de chez nous comme de l'extérieur, auraient pu prétendre que Pierre avait connu un moment d'égarement : il me fallait donc donner une caution divine à l'entreprise.

D'abord, bien sûr, avec la vision qui, dans les chapitres 10-11 des Actes et tout comme au chapitre 8, me sert à dire la volonté de Dieu : remarquez en passant que la vision est rapportée trois fois dans ces chapitres, et la demande faite à Pierre d'immoler et manger ce qui lui paraissait impur est elle aussi renouvelée trois fois (Ac 11,10), toujours pour en dire l'importance.

Remarquez aussi combien mon récit a valeur symbolique : jusqu'au verset 24, ce sont les envoyés du centurion qui vont vers Pierre ; à partir du verset 24, c'est maintenant un voyage dans l'autre sens qui s'organise, vers Césarée. Mais c'est un « voyage dans l'autre sens » pour une autre raison, non plus géographique : alors que jusqu'à maintenant, c'était un païen et ses envoyés qui venaient vers des Juifs, ce sont maintenant des Juifs (noter la présence de « *frères* de Joppé » au verset 23) qui vont vers des païens, et la rencontre qui va suivre apparaît déjà comme celle de deux églises. Ou aussi comme une nouvelle visitation, lorsque l'Esprit va venir sur les païens.

Enfin, dans la rencontre proprement dite, retenez aussi l'injonction adressée par Pierre à Corneille : « relève-toi », qui utilise le vocabulaire de la résurrection. À travers Corneille, ce sont tous les païens qui se redressent/relèvent, et qui se trouvent désormais partager des droits égaux à ceux des chrétiens d'origine juive. Cette insistance sur la résurrection se trouve confirmée au verset 30, lorsque Corneille précise : « il y a maintenant trois jours... ».

Le fondement premier de la demande divine, celui en tout cas que j'ai cru bon de rappeler, est le suivant : « Dieu ne fait pas acception des personnes » (10,34). C'est une affirmation qui court dans toute la Bible (Lv 19,15 ; Dt 10,17 ; Sir 35,12…) et elle trouvait une application immédiate et essentielle dans le rapport Juifs/Païens. C'est pourquoi elle a été reprise par les premiers évangélisateurs du monde païen, par Paul en particulier (Rm 2,11 ; Ga 2,6, un passage dans lequel il rapporte sa première rencontre avec les autorités de Jérusalem ; Ep 6,9 ; Col 3,25), mais aussi par Pierre (1 P 1,17).

Pour des juifs auxquels on avait toujours dit qu'il fallait se défier des païens, impurs dont on devait se tenir à l'écart, vis-à-vis desquels il importait de dresser une haie autour de la Tora, frayer avec les païens et s'en justifier représentait plus qu'une transgression, une vraie révolution. Laquelle ne s'est donc pas faite sans heurts : j'avoue les avoir un peu minimisés au chapitre 11 lorsque Pierre s'en retourne à Jérusalem[14] parce que, vous l'avez sans doute constaté, je n'aime pas m'étendre sur les oppositions et accrochages qui ont traversé la communauté primitive.

Il reste que, au-delà des décisions ou intentions affichées, la réalité s'impose souvent : avant Paul, avant Pierre ou en même temps que lui,

---

[14] Il s'agit de la dernière montée de Pierre à Jérusalem: nous sommes en 37-38, l'apôtre va bientôt parcourir le monde à son tour et il quitte la scène en 12,17. La présence au chapitre 15 n'est pas la sienne, mais celle de Syméon, de la communauté d'Antioche (cf. Ac 13,1), à une autre occasion d'ailleurs que celle de ce prétendu « concile de Jérusalem ». Mais je me suis déjà expliqué sur ce point.

l'évangile avait marginalement commencé à être porté aux païens, suite à la dispersion que j'ai évoquée au chapitre 8. C'est ainsi qu'est née la communauté d'Antioche, et je m'en fais l'écho au milieu du chapitre 11.

Antioche et le premier voyage de Paul

Les voyages de saint Paul apôtre

Antioche, en Syrie, était à mon époque une très grande ville, de près de 500.000 habitants, et il ne pouvait m'être indifférent que l'évangile y parvienne, surtout qu'elle jouera un rôle de point d'attache pour Paul. Mais pas seulement pour Paul : pour Barnabé aussi. Si je présente ce dernier comme venant de Jérusalem en 11,22, c'est parce que je l'y avais laissé en 4,37 : mais en réalité son point d'attache était bien Antioche, et c'est pourquoi je note qu'il y passe un an en 11,26, qu'il y revient en 12,25, ou qu'il est le membre le plus important de cette communauté, car cité en premier, en 13,1.

L'explication est simple : originaire de l'île de Chypre (4,36), Barnabé ne pouvait éviter de créer des liens nombreux avec la grande ville portuaire d'Antioche, et il avait fini par s'y installer. Pour le dire en une phrase, Antioche fut la ville de Barnabé avant d'être celle de Paul : il était donc légitime que ce même Barnabé fût l'introducteur de Paul en ces lieux (11,25).

Tous deux sont partis d'Antioche pour un « premier voyage », qui pénètre le sud de l'Asie mineure, de votre Turquie actuelle[15]. S'agissait-il déjà d'évangéliser les païens ? C'est ce que peut laisser entendre la phrase que je mets dans leur bouche en 13,46, alors qu'ils sont toujours dans une synagogue : « C'était à vous d'abord qu'il fallait annoncer la parole de Dieu. Puisque vous la repoussez et ne vous jugez pas dignes de la vie éternelle, eh bien ! nous nous tournons vers les païens » (13,46). Mais vous pouvez constater qu'à Lystres, en 14,1, Paul et Barnabé sont toujours à la synagogue. Les païens visés sont donc plutôt les craignant-Dieu, ceux que je vous ai déjà présentés, qui ont fait un pas vers le monde juif et que l'on retrouve dans les synagogues. Dans cette mesure, nous sommes toujours aux marges, pas encore au-delà.

C'est un voyage que vous dîtes souvent « de Paul », mais que vous pourriez tout aussi bien dire « de Barnabé », personnage très considérable lui aussi, l'un des « pionniers de la nouvelle évangélisation » pour reprendre le vocabulaire qui a cours chez vous aujourd'hui. J'avoue qu'en faisant de Paul le personnage essentiel de mon récit, je vous ai tendu la perche mais, j'ai quand même discrètement reconnu le rôle de Barnabé en le citant avant Paul en 13,7 et 14,14, et en rappelant que les habitants de

---

[15] Dans son *Saint Paul, autobiographie 2014* (www.biblicom.net), mon maître et collègue Paul s'est expliqué sur le fait qu'il n'a jamais été question pour lui de pénétrer dans la partie nord, vers ce qui est aujourd'hui Ancyre : de ce point de vue, la carte qui m'a été proposée et que j'ai retranscrite est fautive. Ceux qui revendiquent ce séjour, au nom d'une maladie dont aurait souffert l'apôtre et qu'il aurait soignée en ces lieux, négligent non seulement le fait que ces territoires sont du ressort de Pierre, mais que la maladie en question a eu lieu à Iconium, comme je le laisse entendre en Ac 14,3.

Lystres prenaient Barnabé pour Zeus alors que Paul a dû se contenter d'être Hermès (14,12)…

C'est à Antioche qu'ils reviennent. En 40. La suite « chronologique » de 14,27-28 se trouve donc en 15,36, puisque je vous ai déjà expliqué le caractère très composé de tout le début du chapitre 15 : vous constaterez facilement que le propos s'enchaîne parfaitement. Maintenant, c'est Paul qui prend les choses en main dans la perspective d'un nouveau voyage.

Comme je l'ai mentionné, l'accord ne se fait pas avec Barnabé, et vous pourriez reconnaître là une forme de « bataille d'égos » classique à toute époque : c'est vrai, mais j'ai mis en premier lieu (15,37-38) un désaccord concernant les compagnons qui auraient dû se joindre à eux, et je n'ai rien inventé. Je m'explique.

Barnabé avait ses perspectives de voyage, passant par Chypre d'où il était originaire, et Paul les siennes, passant la Syrie-Cilicie d'où lui-même était originaire. Ces raisons peuvent vous paraître mesquines, mais vous devez comprendre que les voyages de l'époque étaient longs, durs, risqués : il était donc légitime de se faire accompagner par des personnes sûres, et de s'engager sur des axes qui permettraient de faire étape chez des personnes de sa famille ou des amis, ou de les avoir pas trop loin de soi.

Paul fait donc le choix de Silas, un antiochien[16], le Sylvain de ses lettres. Comme il était question des compagnons de Paul, j'ai transmis à ce moment-là la notice dont je disposais concernant la présence de Timothée, mais Justin Taylor, cet excellent commentateur, a fort justement noté : « Cet épisode semble avoir été introduit ici de manière artificielle. En effet, Timothée (…) ne joue aucun rôle significatif dans le deuxième voyage missionnaire de Paul : les deux allusions qui lui sont faites en 17,14 et 18,5 sont dues au désir de Luc d'harmoniser son propre récit avec les

---

[16] La dimension composite de mon chapitre 15 m'a imposé en 15,22 de laisser penser que Silas était jérusalémite, mais tel n'était pas le cas : il fut l'un de ceux que la communauté d'Antioche adjoindra à Syméon pour régler le différend alimentaire. Ce qui explique que, dans la version occidentale des Actes, en 15,34, j'ai ajouté : « Mais Silas décida de rester là ».

références à Timothée que fait Paul en 1 Th 3,2 et 3,6 »[17]. Bien vu : en fait, Timothée avait été « recruté » par l'apôtre lors du premier voyage.

---

[17] J. Taylor, *Les Actes des deux Apôtres*, vol. V, Commentaire historique, Paris, Gabalda, 1994, p. 231.

VI. Au-delà des marges à la conquête du monde païen

Le deuxième voyage (15,41 – 18,23)

Tout est donc en place pour un deuxième voyage, qui fut fait aussi de plusieurs « pauses » (j'évoque en 18,11 celle de Corinthe, mais il y en eu bien d'autres, y compris des emprisonnements), que j'ai condensés sur trois de vos chapitres (16-18), mais qui a duré en fait environ douze ans, de 40 à 52. Cela fait beaucoup d'années, et je dois vous avouer que je n'ai jamais eu entre les mains toutes les informations nécessaires pour les remplir. Il y a de grands vides qu'à ma manière habituelle, j'ai essayé de combler au prix de continuités parfois artificielles : je vous ai déjà parlé de celle de 18,12.

Je disposais donc d'éléments assez nombreux et précis concernant les débuts du voyage, et surtout sur sa partie « européenne » avec plusieurs fondations, une vindicte continue des anciens coreligionnaires, un passage par Athènes, puis une visite de fondation et un séjour à Corinthe –nous sommes dans les années 40–, et d'autres plus vagues concernant la fin du voyage, essentiellement un deuxième passage à Corinthe avec comparution devant le proconsul Gallion –en 52– ; j'ai eu en main en outre quelques autres récits et témoignages, et surtout des « notes de voyage » que j'avais recueillies et que j'ai restituées du mieux que j'ai pu pour former ces « passages en nous » que vous allez retrouver dans la suite de mon récit (16,10-17 ; 20,4-8 et 13-15 ; 21,1-18 ; 27,1-29 et enfin 28,1-16).

Ces notes ont fait couler beaucoup d'encre chez les interprètes, je le sais : on s'est demandé leur source, si elles ne formaient pas originellement une continuité invitant à parler plutôt d'un carnet, si l'on ne devait pas plutôt y reconnaître une création dans le cadre d'un genre littéraire… L'opinion la plus commune étant qu'il s'agit d'extraits d'un carnet de voyage dont je serais l'auteur.

Mais vous pouvez constater que, même si elles ne concernent pratiquement pas ce deuxième voyage, donnant quelques éléments sur la fin du troisième et se montrant explicites surtout le transfert par mer de Paul à Rome, elles sont nécessairement l'œuvre de quelqu'un qui n'avait pas seulement des connaissances nautiques notables (Ac 27-28), mais qui a en outre connu et accompagné Paul dès ce deuxième voyage, autrement dit dès les années 40 : désolé, je ne suis pas celui-là, je n'ai fait que recueillir des informations de seconde main. Mais comme leur précision m'avait frappé, et elle doit sans doute vous frapper vous aussi, comme elles avaient un caractère très direct et vivant, j'ai choisi de les couler telles quelles dans mon récit aux moments les plus opportuns, donnant ainsi à mon propos une forme plus directe.

Venons-en maintenant à ce voyage. N'ayant pas d'informations sur son déroulé asiatique, je suis resté très vague : 15,41 ; 16,4-8, et vos commentateurs ont raison de noter le flou de l'itinéraire suivi[18]. Je suggère simplement que Paul avait choisi de retourner à la rencontre des communautés déjà fondées, et avait voulu éviter de croiser le terrain missionnaire de Pierre (cf. Ga 2,7-8) : ce dernier point sous-tend mes remarques concernant l'évitement de l'Asie et de la Bithynie en 16,6-7[19]. Mais Dieu, qui conduit toute l'affaire (cf. l'Esprit de Jésus en 16,7) va lancer les apôtres sur de nouveaux chemins : je pense qu'ils s'y étaient préparés et que ce fut la raison de leur venue à Troas mais, ne pouvant en être sûr, j'ai préféré laisser ce point quelque peu dans l'ombre et « tout mettre sur le dos de Dieu » !

---

[18] J. Taylor, *op. cit.* p. 239 : « Il est impossible de proposer une reconstitution plausible de la route suivie par Paul en Asie mineure. Il est même vain et inutile d'essayer de la reconstituer ».

[19] Il s'agit donc d'abord et avant tout d'un reflux « théologique ». J. Taylor (*op. cit.* p. 239) souligne le caractère improbable du trajet que je propose dans ces versets, mais il s'agit d'une reconstitution dont l'objectif n'est pas d'abord ici historique.

Paul et Silas choisissent donc, sous la mouvance divine, de passer en « Europe » : l'entreprise représentait un réel changement, si important à mes yeux que je l'ai mis en scène à travers « l'appel du Macédonien », et que je vous propose de situer la troisième étape de mon livre à ce moment-là.

Les apôtres « allaient à l'abordage » du monde grec et donc à leurs yeux païen. Sans que cela soit aucunement exclu (cf. 17,1-2.20 ; 18,4), il n'était plus question de donner une priorité à la visite de telle ou telle synagogue, et c'est pourquoi je parle de « lieux de prière » en 16,13.16. Cette liberté d'action et de rencontre trouvera son écho le plus fort avec le discours de Paul à l'Aréopage (17,22-31).

J'ai mis ce discours emblématique au cœur de mon récit et je ne pense pas vous surprendre en vous disant qu'il est largement une composition de ma part : il vise à rendre compte de la manière dont le judéo-christianisme rencontre le monde gréco-païen. En même temps, m'inspirant de tout ce que Paul m'en avait rapporté, des positions qui étaient les siennes, j'ai mis dans la bouche de mon héros des propos qu'il n'aurait certainement pas reniés ; et j'ai pris soin de convoquer dans l'argumentation non pas des textes bibliques, encore inconnus de l'auditoire, mais des auteurs païens tels Épiménide de Crète et Aratos[20]…

Paul me l'avait fait savoir, le résultat ne fut pas à la hauteur de son attente tant l'idée de résurrection était étrangère aux Grecs : il faut dire qu'elle avait eu aussi bien du mal à se faire une place dans la tradition juive (cf. seulement 2 Mc 12,43), et elle n'était encore tenue chez les juifs que par les Pharisiens, non les Sadducéens. « Nous t'entendrons là-dessus une autre fois » (17,32), une fin de non-recevoir, c'est ainsi que j'ai traduit l'incompréhension des gens de l'Aréopage. Paul tirera plus tard des conclusions de cette tentative athénienne : « Alors que les Juifs demandent des signes et que les Grecs sont en quête de sagesse, nous proclamons,

---

[20] Pour plus de détails sur ce discours, je vous renvoie à mon commentaire détaillé des Actes des Apôtres, à venir.

nous, un Christ crucifié, scandale pour les Juifs et folie pour les païens » (1 Co 1,22-23).

Il est toujours décevant, lorsqu'on a intensément préparé une rencontre importante, de constater qu'elle capote : mais si cela résulte d'une affirmation claire et miséricordieuse de ses propres positions, il ne faut pas le regretter. La clarté, la vérité doivent toujours rester au cœur de nos échanges, et je crois fermement que ce qui ne s'est pas fait aujourd'hui pourra se faire demain à une autre occasion : rappelez-vous Qohélet (3,1-8), il y a un temps pour tout. Vous vivez cela sans doute à plusieurs niveaux aujourd'hui, mais je pense en particulier à l'œcuménisme dont les progrès doivent vous paraître bien lents : l'œcuménisme de mon époque, si je peux parler ainsi, ce fut justement cette rencontre avec le monde grec.

L'échec n'est pas toujours une fin, souvent juste une pause : Paul a continué sa route, arrivant à Corinthe où il resta longtemps et où son propos trouva beaucoup plus d'écho, générant des conversions et suscitant bien des jalousies. Mais là, et sur toute la suite du voyage après ce premier séjour, les informations m'ont manqué, et je suis donc passé directement à celles dont je disposais et qui concernaient la fin du voyage, en l'occurrence une comparution devant le proconsul Gallion.

Une fois de plus, vous avez eu entre vous de multiples discussions, d'abord sur Gallion lui-même, frère de Sénèque, puis sur la réalité et le moment de cette comparution : aujourd'hui, après la découverte à Delphes d'inscriptions concernant Gallion, il semble qu'un consensus se soit établi, et je le salue d'autant plus qu'il est fondé. De fait, Gallion fut proconsul de mars 51 à mars 52, et Paul a comparu devant lui début 52 avant de rejoindre Jérusalem, puis Antioche (Ac 18,23).

Ce qui reste contesté, c'est la date de l'édit de Claude auquel je me réfère en 18,2 pour dater l'arrivée de Priscille et d'Aquila : 41 ou 49, cette dernière date étant proposée depuis longtemps par un certain moine Orose. Je ne vais pas rentrer dans les arcanes du débat, je note simplement que les tenants de 49, comme d'ailleurs Orose lui-même, n'ont absolument pas vu qu'Ac 18 faisait état de deux visites à Corinthe. Et nous en revenons toujours à la même chose : toute négligence de l'analyse littéraire de ma rédaction ne peut conduire qu'à générer de mauvaises questions et arriver à des impasses. La bonne date est donc 41[21].

Le troisième voyage (18,23 – 21,15)

En 18,23a, j'ai donc signalé que Paul avait passé « quelque temps » à Antioche, et plusieurs d'entre vous ont bien compris que j'évoquais là le moment de l'altercation entre Pierre et Paul, à propos de la communauté de table entre judéo- et pagano-chrétiens : Paul vous en a fait un récit détaillé en Ga 2,14-21. Si je n'ai pas été plus bavard, ce n'est pas seulement parce que Paul s'en fait l'écho, mais parce que je vous en ai déjà dit les modalités et les conséquences en Ac 15 : Ac 18,23a représente donc une sorte de « flash back », comme vous dîtes, mais à peine esquissé.

Et j'ai donc remis presque aussitôt Paul sur la route pour un troisième voyage, de l'année 53 à l'année 58. Là encore, je n'ai pu utiliser que les maigres informations dont je disposais et dont l'essentiel se concentrait sur deux points : la personne d'Apollos, la communauté d'Éphèse. Il n'est pas étonnant que, pour le reste (cf. Ac 18,23b ou 19,21-22 ou 21,1-3), l'un de vos commentateurs, Alexis Bunine[22], ait pratiquement mis en doute l'existence même de ce voyage, qu'il voit copié sur le précédent !

---

[21] Le défunt J. Murphy O'Connor a dit tout ce qui était nécessaire à ce sujet : cf. *Corinthe au temps de saint Paul*, Paris, Cerf, 2004, p. 190-200.

[22] *Une légende tenace : le retour de Paul à Antioche : après sa mission en Macédoine et en Grèce* (Actes 18,18 - 19,1), Paris, Gabalda, 2002.

Apollos

Je vous ai donc proposé une notice sur Apollos : elle est modeste, et vous pourriez penser que le personnage fut très secondaire dans l'histoire du christianisme primitif, mais ce serait une erreur. Quand je vous dis qu'il s'agissait d'un Alexandrin éloquent versé dans les Écritures, cela manifeste une stature littéraire et religieuse de premier plan : vous pouvez en avoir encore aujourd'hui un aperçu en lisant la partie homilétique de la lettre aux Hébreux (ch. 1-12), dont il est l'auteur. Il fut aussi un voyageur, et un missionnaire, ce qu'atteste le début de la première lettre aux Corinthiens dont certains membres se réclamaient de lui (1 Co 1,12).

Je me rends bien compte d'une limite de mon ouvrage sur les Actes : faute d'informations suffisantes, par exemple sur l'activité missionnaire des uns et des autres et même de Pierre, et parce que j'ai choisi de me concentrer sur les deux éminentes figures de Pierre puis de Paul, j'ai relégué à l'arrière-plan et parfois dans l'ombre d'autres figures qui ont pourtant joué un rôle essentiel dans la diffusion de l'évangile.

Éphèse

Ville extrêmement ancienne, comptant plus de cent mille habitants, port sur la mer Égée encore très actif à mon époque, centre culturel et religieux dont témoignent encore pour vous le temple d'Artémis ou le théâtre, Éphèse ne pouvait que représenter une étape marquante dans la progression de l'évangile. J'avais d'autant plus de raisons d'y insister que je disposais d'une documentation originale et assez bien fournie.

Dans les Actes, au chapitre 19, je vous présente Paul comme le quasi-fondateur de la communauté locale. J'ai quand même pris soin de préciser que, lors de son arrivée dans la ville, Paul avait trouvé des disciples ; mais ils étaient à mes yeux désorganisés, à peine instruits de cette « Voie » (9,2 ;

18,25.26 ; 19,9.23 ; 22,4 ; 24,14.22) qui qualifiait souvent les chrétiens[23], et Paul fut le véritable docteur de leur foi : « chaque jour, il les entretenait dans l'école de Tyrannos. Il en fut ainsi deux années durant » (19,9-10).

Paul n'a pas seulement enseigné, il a aussi guéri, s'attaquant une fois de plus à des sortes de magiciens, comme il l'avait déjà fait à Chypre (13,6s) ou Philippe et Pierre en Samarie avant lui (ch. 8). L'a-t-il fait à Éphèse ? Sans doute, mais je me suis gardé de l'affirmer : la scène n'est pas vraiment située dans mes notes, et Ac 19,17 est plus ambigu qu'il n'y paraît.

Pour moi, l'un des intérêts de cet affrontement est qu'il s'agit d'exorcistes juifs : pour nous, magie allait de pair avec « monde païen », non avec « monde juif » ; l'hostilité contre Paul prenait donc de l'ampleur. Mais un autre intérêt fut qu'il me rappelait plusieurs faits connus de la vie de Jésus, dans lesquels le maître avait fait face à des démons qui l'avaient reconnu et confessé : Mt 8,28-32 ; Mc 3,11-12 ; d'où le verset 15 : « L'esprit mauvais leur répliqua : « Jésus je le connais, et Paul, je sais qui c'est. Mais vous autres, qui êtes-vous ? » ». Ainsi, dans cette hostilité même, la force de Paul était publiquement reconnue.

L'essentiel de mes informations portait toutefois sur une émeute qui avait mis Paul en danger dans cette ville d'Éphèse, mais dont je ne connaissais pas la situation précise : d'où le « vers ce temps-là » de 19,23. Je dois aussi vous avouer que l'événement me paraissant à bien des égards très symbolique, je lui ai donné dans ce chapitre 19 un relief qu'il n'avait peut-être pas eu, comme je l'ai déjà fait avec la rencontre du monde grec sur l'Agora d'Athènes au chapitre 17.

Pourquoi symbolique ? Bien sûr, il s'agit une fois de plus d'un affrontement entre religiosité juive ou chrétienne et religiosité païenne,

---

[23] Cette appellation se retrouve en forme absolue à Qumrân (1 QS 9,17.18 ; 10,21 ; CD 1,13 etc.), et elle fut le pendant en monde judéo-chrétien de l'appellation « chrétiens » dans le monde pagano-chrétien (Ac 11,19-26). Elle voulait rappeler la manière dont, d'après Jean, Jésus se serait lui-même désigné : « Je suis la voie, la vérité et la vie » (14,6).

concernant le culte des idoles : mais un tel affrontement ne datait pas d'hier pour moi. J'ai donc mis en avant les fabricants d'idoles, Démétrius et les artisans (v. 24 et 38), parce qu'il m'a semblé que, sous couvert d'intérêts religieux, se manifestaient surtout des intérêts économiques (v. 27a). Ah ! me direz-vous, là encore rien de nouveau, toute l'histoire du monde, aujourd'hui encore, est remplie de tels affrontements et de telles dissimulations : c'est vrai, mais tel n'était pas encore le cas à mon époque. Motivé par l'orientation catéchétique et donc pédagogique qui était la mienne dans la rédaction des Actes, j'ai donc fait grand cas de cette affaire.

Au chapitre 20, j'ai été aidé de nouveau par les notes de voyage, qui proposaient un récit de résurrection centré sur Paul. J'en ai fait mon miel parce qu'elles donnaient un nouveau relief à la figure de Paul, encore plus assimilable à la figure de Jésus : ce dernier n'avait-il pas ressuscité le fils de la veuve de Naïm (Lc 7,11-15, un événement que je suis seul à rapporter) ou même Lazare (là, c'est Jean au chapitre 11 de son évangile) ? Paul donnait maintenant un témoignage remarquable du pouvoir de la parole de Dieu portée par les disciples.

Mais j'ai surtout mis en scène Paul dans de déchirants adieux aux anciens d'Éphèse. La forme en était très connue à mon époque, c'est celle du Testament dans lequel celui qui va mourir fait le bilan de sa vie et trace une ligne à ses héritiers : nous connaissions nous les adieux de Jacob en Gn 49, le discours de Samuel en 1 S 12 ou encore les *Testaments des XII Patriarches*, mais vous en avez aussi une belle illustration dans la fable de La Fontaine, *Le laboureur et ses enfants*.

Une fois de plus, j'ai été accusé de faire du Luc plutôt que du Paul dans le discours fait par Paul aux anciens. Et une fois de plus, je vais répondre que ce n'est qu'en partie vrai, que j'ai mis dans la bouche de l'apôtre les mots et les idées qu'il a développés ou qu'il aurait pu développer. Voyez par exemple au verset 28 « l'Église de Dieu qu'il s'est acquise par son propre sang », qui devrait vous rappeler Ep 1,14 « le peuple que Dieu s'est acquis », avec le même verbe grec ; voyez encore au verset 32 « l'héritage parmi tous les sanctifiés », qui devrait vous renvoyer à un autre propos de Paul dans les Actes (26,18 : « une part d'héritage parmi les sanctifiés »), mais surtout à Col 1,12 « le Père qui vous a rendus capables d'avoir part à l'héritage des saints » (trad. TOB).

Nombre de vos commentateurs considèrent que ce discours est le plus paulinien des Actes ; d'autres vont encore plus loin et affirment qu'il repose sur des notes précises prises par des témoins : eh ! bien ce dernier point est exact. Je me suis tenu au plus près de ces notes, mais comme elles étaient beaucoup moins précises que « les passages-nous » concernant le voyage, je les ai retravaillées. Et je les ai inscrites dans un canevas rhétorique assez libre, alternant les considérations présentes et futures, et dont vos commentateurs, désireux de rigueur, ont du mal à discerner les méandres et les étapes : mais pourquoi veulent-ils me couler dans un moule tout fait ? À travers les formes verbales, les répétitions et les thématiques abordées, ils leur est pourtant possible comme à vous, lecteurs, de reconnaître six éléments[24] : 18-21, 22-24, 25-28, 29-31, 32 et 33-35. Je vous laisse y mettre des titres si cela vous chante !

Retour à Jérusalem

Pour le retour à Jérusalem, je disposais des notes très précises que vous trouvez dans le nouveau « passage-nous ». Celui-ci évoque une tournée d'adieux de Paul, au cours de laquelle l'apôtre manifeste à plusieurs reprises sa volonté d'accepter le destin qui l'attendait à Jérusalem : pour ceux qui lisent à travers les lignes, il est évident que j'avais en mémoire la même volonté affirmée par Jésus face à ses disciples, et sur laquelle j'avais insisté en affirmant qu'il avait pris résolument le chemin de Jérusalem (Lc 9,51). Dans le cas de Paul, il me semblait clair que son destin, comme celui d'Étienne avant lui, était lié à celui de Jésus et devait s'accomplir à Jérusalem (Lc 13,33 : « il ne convient pas qu'un prophète périsse hors de

---

[24] Voyez par exemple J. Dupont, « La construction du discours de Milet », dans *Nouvelles Études sur les Actes des Apôtres*, Lectio Divina 118, Pris, Cerf, 1984, p. 424-445.

Jérusalem »). Mais la qualité de citoyen romain de Paul en décida autrement.

VII. Tout est accompli (21,16 – 28,31)

Vous connaissez bien sûr cette parole de Jésus sur la croix, transmise par l'évangéliste Jean : « Tout est achevé » (19,28-30). Dans le verbe grec traduit par « achevé », il y a beaucoup plus, le constat qu'un chemin bien établi arrive à son terme : même si le verbe employé n'est pas celui de l'accomplissement, l'idée n'est pas loin, et je comprends que certains traducteurs y recourent.

De fait, c'était mon idée : l'éminent disciple du Christ qu'était Paul va vers sa mort, il comparaît comme son maître devant le Sanhédrin, il délivre deux discours qui sont des formes de récapitulatifs, il parle à des Romains avant même de se trouver à Rome et les englobe ainsi dans la progression de l'évangile.

Je vais revenir sur quelques éléments de cet accomplissement, mais auparavant, je vous dis quelques mots sur une question qui taraude vos commentateurs : quand ai-je mis un terme à l'écriture des Actes ? Certains de vos commentateurs estiment que la fin de mon récit, autrement dit l'évocation du séjour de Paul à Rome, signe pratiquement la date de son écriture, autrement dit vers 64, d'autant plus que je n'évoque ni la fin de vie de Paul, ni non plus la révolte juive de 66-70 ; d'autres pensent que la fin de mon récit est celle que je m'étais donnée dès le début de l'ouvrage, à savoir le fait que la parole de Dieu a atteint les extrémités du monde, mais qu'elle ne dit rien de sa date d'écriture.

Je vous parle de cela maintenant parce que je viens d'évoquer l'accomplissement, en vous expliquant que tout ce que je voulais exprimer avait été dit : il n'était pas nécessaire d'aller plus loin, d'en dire plus. Cette fin des Actes est donc une fin théologique, s'il m'est possible de m'exprimer ainsi, celle que j'ai voulue, mais elle ne signifie aucunement que j'ai cessé d'écrire après l'avoir rédigée. Non, vous ne pouvez pas vous fonder sur elle pour dater les Actes, mais je n'en dirai pas plus sur le sujet de la datation parce que sa connaissance n'apporte pas grand-chose.

Je vous donne maintenant quelques éclairages sur ces chapitres.

Le discours aux Juifs de Jérusalem

La situation qui va provoquer le discours n'est pas sans rappeler dans sa confusion celle que j'ai décrite à propos des orfèvres d'Éphèse, à ceci près que le grief évoqué n'est plus économique, mais politico-religieux : Paul est accusé d'avoir introduit un Grec, autrement dit un païen, dans le Temple, sans doute dans la partie réservée aux Juifs. Je vous rappelle qu'Étienne avait été lui aussi accusé de s'en prendre au Temple (Ac 6,13-14), et bien sûr Jésus avant lui, du moins pour ce dernier aux dires des trois évangélistes autres que moi (Mt 26,61 ; 27,40 ; Mc 14,58 ; 15,29 ; Jn 2,19-20) : il s'agissait donc pour moi de reprendre un grief récurrent contre les chrétiens, favorisé par une parole connue de Jésus, et d'établir du coup un parallèle entre les sorts de Jésus, Étienne, Paul.

Mais ce discours est aussi pour moi l'occasion de mettre en relief les privilèges citoyens de Paul : citoyen de Tarse (21,19) et citoyen romain (22,25). Paul en a-t-il vraiment disposé ? Je sais que certains commentateurs ont jugé que le portrait que j'ai proposé de Paul dans les Actes n'avait qu'un lointain rapport avec le vrai Paul : je ne nie aucunement l'avoir quelque peu idéalisé, à l'exemple de ce que j'ai fait pour la communauté primitive, mais sur des points aussi précis que ceux que j'évoque, ce ne fut pas le cas. Et je serais enclin à retourner la question : ceux qui contestent ce portrait ne le font-ils pas pour des raisons subjectives, et le portrait qu'ils se font de Paul est-il celui du vrai Paul ?

Vous l'avez bien compris, la connaissance personnelle que j'avais de Paul me donne quand même plus de crédit qu'à ceux qui contestent mes propos. Et d'autres commentateurs[25] ont montré que, pour étonnante que puisse paraître cette double citoyenneté, elle pouvait parfaitement être envisagée dans les conditions de l'époque.

---

[25] B. Rapske, *Paul in Roman Custody*, vol. 3 de *The Book of Acts in Its First Century Settings,* Carlisle, PaterNoster Press, 1994.

La comparution devant le Sanhédrin

Figure 5 : Paul devant le Sanhédrin - Fresque de C. A. Mayr - 1768.
Église saint Pierre et Paul, Tyrol (Wikimedia Commons)

La perspective d'une telle comparution avait été annoncée par Jésus à ses disciples, et, même si j'ai été plus vague dans cette annonce que Matthieu (comparer ce que j'en ai rapporté en Lc 21,12 avec Mt 10,17-18), c'était une possibilité qui rentrait bien dans mon schéma d'accomplissement puisque Jésus lui-même était passé par là (Lc 22,66-70) : je l'ai donc évoquée, en accentuant le parallèle par l'opposition au grand-prêtre.

Mais cette évocation avait aussi une autre signification : elle visait à montrer combien, jusqu'au plus haut niveau, la population juive était divisée au regard de l'annonce chrétienne. À mes yeux en effet, les Pharisiens aurait été prêts à sauver Paul (23,9) et à jouer le rôle de Pilate pour Jésus, peut-être parce que certains d'entre eux l'avaient sans doute connu au cours de sa formation juive. Alors certes, lorsqu'il est question d'un complot, je lui donne pour origine « les Juifs » (23,12), mais il n'y avait pas en réalité d'unanimité.

Plusieurs commentateurs des Actes se sont légitimement demandés non seulement qui était responsable de la mise en jugement de Paul, mais aussi si ma rédaction manifestait une compréhension voire une sympathie plus grande pour les Juifs que pour les Romains, ou l'inverse : les réponses sont variées, et elles ont de bonnes raisons de l'être parce qu'à la vérité, je ne saurais donner moi-même une réponse ferme. Pas plus que je ne saurais le faire pour la mise en jugement de Jésus.

Pour moi, chacun a eu sa part, et j'avais des raisons d'incriminer ou de disculper les uns comme les autres. J'étais certes enclin à alléger la responsabilité des Romains, pour faciliter l'intégration des chrétiens dans l'Empire : l'histoire des centurions, dans l'évangile comme dans les Actes, est un exemple qui me l'a permis. En même temps, force m'était de reconnaître que les Romains détenaient le pouvoir et que rien n'aurait pu advenir sans eux.

Côté Juifs, je vous l'ai avoué dès le départ, je souhaitais montrer la dimension d'accomplissement réalisée par Jésus, puis par les disciples après lui, et donc manifester une continuité. En même temps, force m'était de reconnaître que sa mise en accusation de Jésus, puis de Paul, fut le fait des grands-prêtres, et plus généralement de la caste au pouvoir qui craignait tout à la fois une révolte populaire et une répression romaine.

L'histoire qui s'écrit n'est jamais rectiligne, et je n'avais pas de clé qui m'aurait permis d'en faire une lecture simple, qui aurait d'ailleurs été nécessairement simplificatrice. Et donc fausse !

Césarée

Si vous vous reportez à l'autobiographie de Paul, vous comprendrez que l'étape césaréenne fut importante, non seulement parce que l'apôtre y a passé deux ans, mais en outre parce qu'il a écrit là quelques-unes de ses lettres[26]. Il se trouve que je disposais de pas mal d'informations sur cette étape de sa vie, grâce à la sœur de Paul (cf. Ac 23,16), à Philippe qui était installé dans cette ville (Ac 21,8) et à d'autres encore ; en outre, les événements étaient encore assez récents lorsque j'ai écrit.

En 23,11, j'ai écrit au sujet de Paul : « La nuit suivante, le Seigneur vint le trouver et lui dit : " Courage ! De même que tu as rendu témoignage de moi à Jérusalem, ainsi faut-il encore que tu témoignes à Rome. » Maintenant, si vous allez à la fin du livre, vous constaterez que le témoignage à Rome est réduit à sa plus simple expression : en fait, c'est à mes yeux à Césarée qu'il a eu lieu, en particulier devant les gouverneurs Félix et Festus, mais aussi devant le roi Agrippa, une créature des Romains. Et les discours-types que je mets dans la bouche de Paul devant Félix ou Agrippa sont en quelque sorte les pendants « romain » et « juif » de celui qu'il a prononcé à l'Aréopage, au cœur du monde grec, et dont je vous ai rapporté la substance en Ac 17 : ils ferment la boucle.

Compte tenu de ce qui m'en a été rapporté, et de ce que j'en ai connu moi-même, j'ai choisi de dépeindre l'accueil fait par Rome[27] à la prédication de Paul tout à la fois comme bienveillant, mais sans engagement, prudent, distancié : vous auriez sans doute raison de parler d'une attitude très « politique », proche de celle qu'adoptent souvent les autorités et plus largement les personnes en situation de responsabilité. Rien de nouveau sous le soleil !

Je vais être plus direct. Si vous comparez l'attitude de Félix, bien instruit de la Voie (24,22), manifestement intéressé et désireux de laisser du champ à Paul (24,23), et celle de Festus, qui protège Paul (25,18-19) mais cherche à garder le meilleur contact possible avec Agrippa, avec l'attitude de Pilate lors du procès de Jésus, vous ne manquerez pas de noter de nombreux points de contacts : tous les trois sont d'abord et avant tout

---

[26] *Saint Paul, autobiographie 2014*, Books on Demand, Paris, 2013, p. 82.

[27] Au sens large, Agrippa inclus.

préoccupés par leur pouvoir et cherchent à le préserver, fût-ce en allant contre leurs convictions profondes. Agrippa, lui aussi touché par le discours de Paul (26,28.32), est exactement du même tonneau et cherche le prétexte qui lui permettra de ne pas se mouiller : « on aurait pu relâcher cet homme s'il n'en avait appelé à César ». Je vais reprendre une expression fort triviale qui a cours chez vous et que j'espère vous me pardonnerez d'utiliser maintenant, ils étaient tous des « faux-culs ». Mais le monde en a hélas ! toujours abrité beaucoup.

Vers Rome

Il me restait à conduire Paul jusqu'aux extrémités du monde, à Rome de mon point de vue : le regard des hommes de ma région et de mon époque n'allait pas beaucoup plus loin que la Méditerranée, et certainement pas au-delà de l'Atlantique ! Mais bien sûr, d'un autre point de vue, Rome pouvait aussi être présentée comme le cœur du monde de l'époque.

Là, j'ai pu reprendre en le glosant à peine un « passage-nous », extraordinairement précis pour cette période. Comme l'a brillamment montré une de vos interprètes, Chantal Reynier[28], ce récit est l'œuvre d'un très bon connaisseur des ports, des vents, des courants, bref de tout ce qui concerne la navigation, comme de l'histoire de Paul à ce moment-là de sa vie : je n'avais donc presque rien à ajouter, mais je confesse avoir inséré le petit récit sur la vipère (28,3-6), qui peut parfaitement être séparé du « récit-nous », et qui présente Paul comme un quasi dieu. Je souhaitais faire écho à ce qui s'était passé à Lystres (14,10-12) au cours du premier voyage et rappeler encore une fois que Paul n'était pas Dieu, mais que Dieu agissait par lui. En faisant mémoire du premier voyage à l'occasion du dernier, je fermais à nouveau la boucle.

---

[28] *Paul de Tarse en Méditerranée, Recherches autour de la navigation dans l'Antiquité (Ac 27 - 28, 16)*, Paris, Cerf, 2006.

VIII. Conclusion

Et maintenant, c'est cette présentation des Actes que je ferme, sachant bien qu'il y aurait beaucoup d'autres choses à dire pour vous faciliter la lecture, mais espérant avoir donné suffisamment de pistes d'interprétation pour vous rendre cette lecture nouvelle et riche.

Si le temps m'en est donné, je vous proposerai un jour une lecture moins distanciée du texte, autrement dit un véritable commentaire. Mais ce sera pour une autre fois et un autre volume, sans doute beaucoup plus ample et difficile.

Puisse ce que je vous ai déjà transmis permettre à chacun de vous comme à Paul de « proclamer le Royaume de Dieu et d'enseigner ce qui concerne le Seigneur Jésus-Christ avec pleine assurance et sans obstacle » (28,31). La Paix soit avec vous !

Table des matières

I : Position de la question par le confident de Luc..................................3

II : Mes principes de composition, par Luc l'évangéliste 5

  La préface, ou le discours de la méthode 5

  Les signes de la composition..7

    Ac 1,3ou la fausse continuité 7

    Ac 1,15s ou l'anticipation théologique 8

    Ac 2,14-36 ou la valeur narrative des discours....................9

    Ac 2,42-47 ; 4,32-35 ; 5,12-16 : les sommaires ou le rôle de la répétition..11

    Ac 6,1-6 ou le rapprochement théologique 11

    Ac 8 et les modèles représentatifs....................................13

    Ac 18,12 et 22-23, et toujours le rapprochement théologique ...14

    Ac 15, ou l'unité d'action, de temps et de lieu 16

III : Le but et le chemin...20

  Le ou les buts de la rédaction des Actes des Apôtres 20

  Le plan des Actes des Apôtres 21

IV : Première étape, les fondements de l'évangélisation 24

  Le don de l'Esprit..24

  La vie commune 27

  La force dans l'épreuve...28

V : Deuxième étape, l'évangile aux marges......................................30

  Aux marges de Jérusalem..30

  Aux marges du peuple juif, Paul sur la route de Damas 34

  Pierre à la rencontre du monde païen 35

  Antioche et le premier voyage de Paul 38

VI. Au-delà des marges à la conquête du monde païen......................42

Le deuxième voyage (15,41 – 18,23).. 42

Le troisième voyage (18,23 – 21,15).. 46

    Apollos 47

    Éphèse.. 47

    Retour à Jérusalem 50

VII. Tout est accompli (21,16 – 28,31) 52

Le discours aux Juifs de Jérusalem.. 53

La comparution devant le Sanhédrin.. 54

Césarée... 55

Vers Rome.. 57

VIII. Conclusion.. 58